Inhalt

Europäische Strombörse - Transparenter Marktplatz oder nützliches Kartell?

Kernthesen

Beitrag

Fallbeispiele

Zahlen und Fakten

Weiterführende Literatur

Impressum

Europäische Strombörse - Transparenter Marktplatz oder nützliches Kartell?

Autor GENIOS BranchenWissen: A.Schneider

Kernthesen

- Im Geschäftsjahr 2006 konnte die European Energy Exchange (EEX), Leipzig, Umsatz, Jahresüberschuss und Ergebnis deutlich steigern und ihren Bilanzverlust verringern.
- Allerdings sehen sich die Börse und die großen deutschen Stromversorger aufgrund einer anonymen E-Mail erneut mit Preismanipulationsvorwürfen konfrontiert.
- Die Börse befürchtet verschärfte administrative Maßnahmen und will vorsorglich das Auktionsverfahren im

Strom-Spothandel mit gezielten Maßnahmen verbessern.
- Ein Gutachten des Kölner Energieexperten Prof. Axel Ockenfels hält den Schluss für unzulässig, dass Marktmacht an der Strombörse hinreichend preistreibend gewirkt hat, um wettbewerbspolitische Eingriffe in die Preisbildung rechtfertigen zu können.

Beitrag

Wettbewerb und Preisbildung am Strommarkt bleiben umstritten. Seit Februar halten in einer E-Mail veröffentlichte Handelsdaten der Strombörse die Vorwürfe der Preismanipulation am Köcheln.

European Energy Exchange

Eine Börse soll die Markttransparenz für die an ihr gehandelten Güter steigern, ebenso die Effizienz und die Marktliquidität. Die Transaktionskosten sollen minimiert und der Schutz vor Manipulationen maximiert werden.
In genau jenem Ziel wird jedoch seit einigen Wochen der European Energy Exchange (EEX), dem Europäischen Marktplatz für Stromhandel mit Sitz in

Leipzig, Zielverfehlung vorgeworfen. Es steht der Vorwurf im Raum, dass die großen deutschen Stromversorger mit Hilfe ihrer Marktmacht und dem Spothandel an der EEX die Strompreise künstlich in die Höhe treiben.

Zwar weisen die Beschuldigten diese Vorwürfe entrüstet zurück, doch all jene, die sich ohnehin schon seit geraumer Zeit über die hohen Strompreise einerseits und hohen Gewinne der Energiekonzerne andererseits ärgern, werden den Beteuerungen, dass stets alles mit rechten Dingen zugehe, ungern Glauben schenken.

EEX auf Wachstumskurs

An den europäischen Strombörsen wird lebhaft gehandelt. Die European Energy Exchange hat derzeit 161 Börsenteilnehmer aus 19 Ländern und ist die größte Energiebörse in Kontinentaleuropa. Zwei Drittel der Marktteilnehmer an der EEX mit mehr als der Hälfte des Handelsvolumens kommen aus dem Ausland. Immerhin ist die europäische Börsenlandschaft stark fragmentiert. Fast jedes Land der EU hat einen eigenen Handelsplatz für Strom; 15 sind es insgesamt. An der Leipziger Börse werden seit ihrer Gründung im Jahre 2002 Strom, CO_2-Zertifikate und Kraftwerks-Kohle gehandelt. Ab Juli soll nun auch noch Gas hinzukommen. (1)

Die EEX AG ist gut unterwegs. Im Geschäftsjahr 2006 wurden insgesamt 1 133 Milliarden Kilowattstunden (kWh) Strom gehandelt. Umsatz, Jahresüberschuss und Ergebnis vor Zinsen, Steuern und Abschreibungen wurden deutlich gesteigert und der Bilanzverlust verringert. Der Haupterlösträger ist das Stromgeschäft. Hier wiederum rangiert das Termingeschäft deutlich vor dem Spotmarkt. Der Terminmarkt legte im abgelaufenen Jahr um 102% auf 1 044 TWh (Terrawattstunden) zu; er verzeichnete damit einen Umsatzanteil von 28,2 Millionen Euro. Das Volumen am Spotmarkt hingegen stieg lediglich um 3,5% auf 89 TWh; sein Umsatzanteil liegt bei nur 5,8 Millionen Euro.

Neben dem Handel an der EEX gibt es übrigens auch eine außerbörsliche Abwicklung des Stromhandels (Over the Counter, OTC). Die EEX verdient am zunehmenden OTC-Geschäft ebenfalls, da sie in ihrer Tochtergesellschaft EEC die Liefer- und Zahlungsabwicklung (Clearing) konzentriert hat. (2)

Anonyme Insider E-Mail löst

Diskussion um Preismanipulationen aus

Dass an Börsen oft ein wenig Nervosität herrscht, ist nichts Neues. Doch an der Leipziger Strombörse herrscht seit dem 18. Februar eine ganz besondere Nervosität. Preismanipulationsvorwürfe stehen im Raum und gefährden die Glaubwürdigkeit. Ein anonymer Insider schickte eine E-Mail nach außen, in der die Handelsaktivitäten deutscher und internationaler Marktteilnehmer aufgelistet und interpretiert wurden.

Unter dem Absender eex.transparency[at]web.de wurden eine pdf-Datei mit dem Titel "Wie der Referenzpreis für den deutschen Strommarkt zustande kommt" sowie eine Excel-Tabelle mit dem Namen "EEXTransparency.xls" verschickt. Die pdf-Datei ist eine Präsentation in der Form einer EEX-Mitteilung und beschäftigt sich mit den Faktoren, die den Börsen-Index als Referenzpreis für den deutschen Stromhandel beeinflussen. Die Excel-Tabelle umfasst die Handelsvolumina der EEX-Marktteilnehmer im Spothandel, aufgelistet nach Tages-, Monats-, Quartals- und Jahresumsätzen im Zeitraum vom 1. März 2005 bis 12. Dezember 2006.

Die verbreiteten Handelsdaten hatten die bereits seit

längerem in Gang befindliche Diskussion über zu hohe Strompreise und Preisabsprachen der Energieversorger um den Verdacht möglicher Preismanipulationen an der Börse verschärft. Der Vorwurf lautet, dass die vier großen deutschen Stromerzeuger an der EEX nicht nur Strom anbieten, sondern auch große Mengen Strom kaufen, und dadurch die Preise künstlich nach oben treiben. Denn der an der EEX ermittelte Preis (Preisindex Phelix) dient als Referenz für den Großhandel und damit auch als Basis für den Endverbraucherpreis.

Schon vor Monaten wurde der Strombörse der Vorwurf gemacht, ein unzulässiges Kartell zu sein, so zumindest zitierte das Wirtschaftsmagazin Capital den schleswig-holsteinischen Wirtschaftsminister Dietrich Austermann.

EEX-Börsenrat will Auktionsverfahren im Strom-Spothandel verbessern

Die Börse bestätigte nach einer internen Untersuchung die Echtheit der versandten Daten und stellte Strafanzeige gegen Unbekannt, weil sie ohne Zustimmung der Börse nach außen verbreitet worden waren. Die EEX AG befürchtet nun verschärfte administrative Maßnahmen, z.B. ex-post-Eingriffe in bereits fest vereinbarte Preise, und lehnt dies naturgemäß ab. In der Tat ist ein zunehmender Trend von Einflussversuchen von Regierungen, Parlamenten und Lobbygruppen auf die Stromkonzerne und die Preise zu beobachten.

Als öffentlich-rechtliche Institution unterliegt die EEX AG dem deutschen Börsengesetz. Der Ruf nach stärkerer gesetzlicher Regulierung des Handels an der Strombörse wird immer wieder laut. Auch die Bundesanstalt für Finanzdienstleistungsaufsicht (BaFin) sähe gerne strengere Regeln. So gibt es beispielsweise derzeit keine gesetzliche Meldepflicht für Geschäfte in Waren oder Warenderivaten gegenüber der BaFin, und es gibt keine Vorschrift zur Veröffentlichung von Insiderinformationen.
Auch wenn man sich im Fall der anonymen E-Mail keiner Schuld bewusst ist, hat der Börsenrat der European Energy Exchange AG nun in jedem Fall Verbesserungen für das Auktionsverfahren im Strom-Spothandel angekündigt.
Erstens könne die Börsengeschäftsführung nun auch unterhalb des obersten Preislimits zu einer zweiten Auktion aufrufen, wenn der Preis einer bestimmten Stunde erheblich gegenüber den übrigen Stunden des Liefertages abweiche. Zweitens wird die Börse künftig auch "negative Preise" notieren können, bei denen

der Käufer Geld für die Stromentnahme erhält. Und drittens will die EEX die Gebotskurven der Auktionen bereits am Morgen des nächsten Handelstages und nicht erst am Nachmittag veröffentlichen.
Durch diese Maßnahmen soll die Börse noch transparenter und marktnäher und somit das Vertrauen der Marktteilnehmer gestärkt werden. (3)

Gutachten bewertet Marktmacht an der Börse nicht als hinreichend preistreibend

Das inzwischen vorliegende Gutachten des Kölner Energieexperten Prof. Axel Ockenfels, das vom schleswig-holsteinischen Wirtschaftsministerium in Auftrag gegeben worden war, schließt die Möglichkeit der Ausübung von Marktmacht an der Strombörse nicht generell aus. Allerdings lautet das Fazit, dass es überzeugende theoretische und empirische Evidenz dafür gebe, dass die stark kritisierten Strompreiserhöhungen im Jahr 2005 nicht auf die Ausübung von Marktmacht zurückgeführt werden könnten. Die Preiserhöhungen seien vielmehr eine Folge der zusätzlichen Kosten, die den Versorgern mit dem Emissionshandel entstehen. Seit 2005 müssen Energie- und Industrieunternehmen im

Rahmen des Europäischen Emissionshandels ihren Kohlendioxid-Ausstoß mit Verschmutzungszertifikaten unterlegen, deren Preis sie in ihre Kalkulationen einbeziehen. Auf Basis der vorliegenden Evidenz zieht er den Schluss, dass die Marktmacht an der Strombörse nicht hinreichend preistreibend gewirkt hat, um wettbewerbspolitische Eingriffe in die Preisbildung rechtfertigen zu können. (3), (4)

Stromkonzerne weisen Vorwürfe zurück

Die Stromkonzerne E.ON, RWE und EnBW wiesen die geäußerten Vorwürfe ganz entschieden zurück. RWE kündigte an, die Regelkonformität seiner Handelsgeschäfte nach einer internen Untersuchung zusätzlich von einem unabhängigen Wirtschaftsprüfer begutachten und testieren zu lassen. Nachdem Handelsdaten von insgesamt 17 500 Gebotsstunden am Strom-Spotmarkt analysiert worden waren, bestätigte zwar der CEO von RWE Trading, Peter Terium, dass der Konzern 2005 Netto-Verkäufer im Strom-Spotmarkt war und 2006 Netto-Käufer. Dies sei aber schlüssig zu erklären und habe nichts mit Preistreiberei zu tun, sagte er. RWE-Vorstandschef Harry Roels kommentierte: "Dieses

Resultat bestätigt unsere klare Reaktion auf die ungerechtfertigten Vorwürfe. Denn RWE trickst nicht und täuscht nicht. Manipulation widerspricht vollkommen unserem Verständnis von regelkonformen und fairem Handel." Auch E.ON sieht ganz andere Ursachen der Strompreisentwicklung und will die Manipulationsvorwürfe mit externen Gutachten entkräften.

Strompreis nur teilweise vom Ergebnis des Börsenhandels abhängig

Über die Höhe und die Möglichkeit eines künftig stabilen oder gar sinkenden Strompreises dürfen wir uns keine Illusionen machen, egal ob nun an der Strombörse und bei den Energieanbietern alles mit rechten Dingen zugeht oder nicht.
Denn an der EEX wird nur ein Teil des Strompreises ermittelt, wie wir ihn dann letztendlich als Haushaltskunde bezahlen. An der Strombörse wird der Preis für die Erzeugung ermittelt. Dieser macht rund ein Fünftel des deutschen Haushaltskundenpreises aus. Hinzu kommt ein Anteil von rund 4% zur Deckung der Kosten im Vertrieb.

Das macht insgesamt einen Anteil am Preis von 24,7%.
Der restliche und damit größere Anteil liegt in staatlicher Hand. Da sind zum einen die durch die Regulierungsbehörden festgelegten Netznutzungsentgelte (36,6%).
Ein weiterer Block sind die Steuern und Abgaben, als da wären die Ökosteuer (10,5%), die Abgaben nach dem Erneuerbaren-Energien-Gesetz (3,5%), die Abgaben nach dem Kraft-Wärme-Kopplungs-Gesetz (1,7%), die Konzessionsabgabe (9,2%) und natürlich die Mehrwertsteuer (13,8%) zusammengerechnet also rund 39%. (5)

Fazit

Auch wenn der Kartellvorwurf nicht haltbar sein wird, so haben die vier großen deutschen Stromkonzerne RWE, E.ON, EnBW und Vattenfall doch auf alle Fälle eine beherrschende Position im deutschen Energiemarkt. An der EEX sind sie direkt beteiligt mit zusammen fast zehn Prozent Anteilen. Und im Aufsichtsrat sitzt an oberster Stelle Jürgen Kroneberg, seines Zeichens Vorstand von RWE Energy, der Vertriebs- und Netzgesellschaft von RWE für Europa.

Selbst wenn der Großhandel um die Commodity Strom an der Börse transparent und einwandfrei funktioniert und die großen Energieversorger tatsächlich nicht tricksen und täuschen, heißt das noch lange nicht, dass der Strompreis um einen nennenswerten Betrag sinken wird.
Am hohen deutschen Staatsanteil liegt es auch, dass die Strompreise in Deutschland höher sind als in unseren Nachbarländern. So liegen die Steuern und Abgaben für Haushaltskunden in Holland bei 42%, in Frankreich bei 24%, in Italien bei 27% und in Großbritannien bei nur 5%. Die Großhandelspreise an den europäischen Strombörsen sind dagegen in etwa gleich.

Fallbeispiele

Der Essener Energiekonzern **RWE** war im Jahr 2005 Nettoverkäufer am EEX-Spotmarkt (Marktanteil rund 18 Prozent) und ein Jahr später dann Nettokäufer (Marktanteil rund 12 Prozent). Dies wird wie folgt erklärt: Eine langfristige Vermarktung über Termingeschäfte sei Kern des RWE-Geschäftsmodells und der Konzern vermarkte Strom aus Eigenproduktion jeweils mit einem Vorlauf von ein bis zwei Jahren zu Terminmarktpreisen. Nachdem der Terminpreis im Jahr 2005 aus Sicht von RWE Trading nicht der fundamentalen Erwartung auf steigende Strompreise entsprach, hatte der Konzern Strom verstärkt auf Termin gekauft und im Spotmarkt netto verkauft. Im Jahr 2006 bewertete das Unternehmen die Terminpreise auf Basis der Fundamentaldaten als zu hoch und agierte deshalb mit der Strategie im Markt, Strom im Terminhandel zu verkaufen und zur Deckung der eigenen Lieferverpflichtungen Strom im Spothandel zu kaufen. Der Vorwurf, RWE habe gezielt die EEX-Spotpreise nach oben getrieben, sei nicht haltbar. Die beschriebene Handelsstrategie hätte das Unternehmen vor dem Hintergrund ungeplanter Ausfälle eigener Kraftwerke in Verbindung mit steigenden Spotpreisen geschadet. Konkret habe der Konzern angesichts des mehrmonatigen Ausfalls von Kapazitäten im Braunkohlekraftwerk Niederaußem und im Kernkraftwerk Biblis mehr Strom zukaufen müssen - und dies teilweise zu Preisen, die über den vertraglich vereinbarten Verkaufspreisen lagen. (3)

E.ON

führte den Preisanstieg der vergangenen Jahre darauf zurück, dass der Staatsanteil um mehr als 50% gestiegen sei und sich die Rohstoffe zur

Stromerzeugung um über 50% verteuert hätten. (5)

Nicht nur die Börse selbst, sondern auch die deutschen **Stadtwerke** wollen ihren Beitrag zu mehr Transparenz an der Strombörse leisten. Sie kündigten an, an der EEX künftig mehr marktrelevante Erzeugungsdaten für ihre Kraftwerke zu veröffentlichen.

Zahlen & Fakten

Die EEX AG im Geschäftsjahr 2006: (1)

- Gesamtumsatz: 37,80 Mio. Euro (+61%)

- Jahresüberschuss: 5,56 Mio. Euro (+65%)

- Ergebnis vor Zinsen, Steuern und Abschreibungen: 11,45 Mio. Euro (+51,5%)

- Bilanzverlust: Verringerung von 22,96 auf 18,41 Mio. Euro

- Strom-Spotmarkt: 89 TWh (+3%)

- Strom-Terminmarkt: 1 044 TWh (+102%)

- CO_2-Spotmarkt: 8,77 Mio. EUA (+219%)

- CO2-Terminmarkt: 2,93 Mio. EUA (+551%)

- Die neue Tochtergesellschaft European Commodity Clearing AG erwirtschaftete im ersten Geschäftsjahr einen Umsatz von 12 Mio. Euro und einen Jahresüberschuss von 2,18 Mio. Euro.

- Vorstandsvorsitzender der EEX European Energy Exchange AG ist Dr. Hans-Bernd Menzel.

Weiterführende Literatur

(1) Gasbörse liefert früher Preissignale
aus www.powernews.org Meldung vom 27.03.2007 - 16:43

(2) Strombörse warnt vor politischer Einmischung
aus Frankfurter Allgemeine Zeitung, 28.03.2007, Nr. 74, S. 18

(3) EEX, RWE und der Marktpreis im Kreuzfeuer der Kritik
aus www.powernews.org Meldung vom 28.03.2007 - 15:17

(4) Bayer, Tobias, Gutachten entlastet Energiebörse, www.ftd.de
aus www.powernews.org Meldung vom 28.03.2007 -

15:17

(5) "Ein Verdacht ist kein Beweis"
aus Der Spiegel, 26.03.2007, Nr. 13, Seite 76

Impressum

Europäische Strombörse - Transparenter Marktplatz oder nützliches Kartell?

Bibliografische Information der deutschen Nationalbibliothek

Die Deutsche Nationalbibliothek verzeichnet diese Publikation in der deutschen Nationalbibliografie; detaillierte bibliografische Daten sind im Internet über http://dnb.d-nb.de abrufbar.

ISBN: 978-3-7379-2340-8

© 2015 GBI-Genios Deutsche Wirtschaftsdatenbank GmbH, Freischützstraße 96, 81927 München, www.genios.de

Alle Rechte vorbehalten. Dieses Werk ist einschließlich aller seiner Teile – z.B. Texte, Tabellen und Grafiken - urheberrechtlich geschützt. Jede Verwertung außerhalb der Grenzen des Urheberrechtsgesetzes bedarf der vorherigen Zustimmung des Verlags. Dies gilt insbesondere auch für auszugsweise Nachdrucke, fotomechanische

Vervielfältigungen (Fotokopie/Mikroskopie), Übersetzungen, Auswertungen durch Datenbanken oder ähnliche Einrichtungen und die Einspeicherung und Verarbeitung in elektronischen Systemen.